Como empreender com equilíbrio financeiro

Copyright 2012 by Reinaldo Domingos

Direção editorial: Simone Paulino
Projeto gráfico e diagramação: Terra Design Gráfico
Editora-assistente: Silvia Martinelli
Produção editorial: Maíra Viana
Redação: Marina Bueno
Produção gráfica: Christine Baptista
Revisão: Assertiva Produções Editoriais
Impressão: Intergraf Ind. Gráfica Ltda.

Todos os direitos desta edição são reservados
à DSOP Educação Financeira Ltda.
Av. Paulista, 726 – cj. 1210 – 12º andar
Bela Vista – CEP 01310-910 – São Paulo – SP
Tel.: 11 3177-7800 – Fax: 11 3177-7803
www.dsop.com.br

Dados Internacionais de Catalogação na Publicação (CIP)
(Câmara Brasileira do Livro, SP, Brasil)

Domingos, Reinaldo
  Como empreender com equilíbrio financeiro /
Reinaldo Domingos ; redação Marina Bueno. --
São Paulo : DSOP Educação Financeira, 2013. --
(Coleção dinheiro sem segredo ; v. 12)

ISBN 978-85-63680-78-5

1. Dinheiro 2. Economia doméstica 3. Finanças
pessoais - Decisões 4. Finanças pessoais -
Planejamento 5. Investimentos 6. Matemática
financeira 7. Poupança e investimento I. Bueno,
Marina . II. Título. III. Série.

13-01196   CDD-332.6

Índices para catálogo sistemático:

1. Educação financeira : Economia   332.6

DINHEIRO SEM SEGREDO

Como empreender com equilíbrio financeiro

REINALDO DOMINGOS

dsop

Sumário

Apresentação 8

Uma ideia na cabeça

Empreendedorismo: o que é, como se faz 13

Incentivo e educação 18

Novos negócios e a economia 22

Colocando a ideia em prática

Os sete passos do empreendedorismo 29

Gostar do que faz é fundamental 32

Planejamento e organização 36

Atenção ao negócio

Invista nas relações humanas 43

Identifique oportunidades 47

A palavra-chave é perseverança 51

Em busca de resultados

Confiança é fundamental 59

Busque sempre o lucro 62

Concentre-se na saúde financeira 66

Conclusão 69

DSOP Educação Financeira 70

Reinaldo Domingos 72

Contatos do autor 74

Apresentação

A Coleção **Dinheiro sem Segredo** foi especialmente desenvolvida para ajudar você e muitos outros brasileiros a conquistar a tão sonhada independência financeira.

Nos 12 fascículos que compõem a Coleção, o educador e terapeuta financeiro Reinaldo Domingos oferece todas as orientações necessárias e apresenta uma série de conhecimentos de fácil aplicação, para que você possa adotar em sua vida a fim de equilibrar suas finanças pessoais.

Questões como a caminhada para sair das dívidas, a realização de sonhos materiais como a compra da casa própria e a melhor forma de preparar uma aposentadoria são abordadas numa leitura fácil, saborosa e reflexiva.

Os fascículos trazem dicas de como lidar com empréstimos, cheques especiais, cartões de crédito e financiamentos, todas elas embasadas numa metodologia própria, que já ajudou milhares de brasileiros a ter uma vida financeira melhor e a realizar seus sonhos.

Observador e atento, Reinaldo faz uso de tudo o que ouve em seu dia a dia como educador e consultor financeiro para explicar o que se deve ou não fazer quando o assunto é finanças. As dicas e ensinamentos que constam nos fascículos são embasados pela Metodologia DSOP, um método de ensino desenvolvido pelo autor que consiste em diagnosticar gastos, priorizar sonhos, planejar o orçamento e poupar rendimentos.

Uma ideia na cabeça

Empreendedorismo: o que é, como se faz.

Incentivo e educação.

Novos negócios e a economia.

Empreendedorismo: o que é, como se faz

Para desenvolver a capacidade de lidar de forma consciente com o seu dinheiro e, assim, obter a tão sonhada tranquilidade financeira, é necessário primeiro aprender a ganhar dinheiro.

Mas não basta "se matar de trabalhar" ou, ao contrário, acordar todos os dias desanimado com as tarefas que tem para cumprir. Para que a sua relação com o dinheiro seja efetiva e prazerosa, é preciso também gostar, e muito, daquilo que faz.

Para isso, é fundamental encontrar as tarefas e os conhecimentos que o distinguem das outras pessoas e usá-los a seu favor, convertendo suas habilidades em algo lucrativo.

Isso nada mais é do que o empreendedorismo – um conceito muito discutido e incentivado atualmente pelas empresas, pelo governo e até entre jovens e crianças, ainda nas salas de aula.

Segundo a definição do órgão internacional Organização para a Cooperação e Desenvolvimento Econômico (OCDE), cuja sede é em Paris, na França, empreendedor é aquele indivíduo que busca gerar valor por meio da criação ou expansão da atividade econômica, pela identificação e exploração de novos produtos, processos ou mercados.

Empreender pode ser entendido como ter uma ideia, colocá-la em prática e fazer com que se realize. Não parece difícil, certo? E não é mesmo! Para exemplificar, segue uma historinha bastante simples.

Havia uma família do interior que gostava muito de plantar, de mexer com a terra, mas que fazia isso raramente, somente quando estava no sítio ou na fazenda de amigos. Eles tinham um espaço livre nos fundos da casa onde moravam, uma área gramada que não tinha uma finalidade específica e que era pouco usada.

Algumas vezes eles pensaram em construir uma piscina ou uma churrasqueira, mas não sobrava dinheiro e eles não sabiam se isso era realmente o melhor a fazer. Um dia, a esposa voltou da feira reclamando que o preço dos tomates tinha subido muito e que estava cada dia mais difícil encontrá-los bonitos e fresquinhos.

Foi quando o pai da família teve a ideia de plantar tomates nos fundos da casa. Era uma maneira de economizar na feira, garantir na mesa refeições com mais qualidade e, ainda por cima, realizando uma tarefa que lhe dava prazer.

Todos ficaram entusiasmados e se dispuseram a ajudar. Pesquisaram em sites e em livros quais eram os principais cuidados com uma plantação de tomates, conversaram com amigos que entendiam do assunto e em pouco tempo reuniram as informações necessárias para dar início ao novo projeto.

A plantação foi um sucesso! Uniu pais e filhos em uma tarefa de que eles gostavam. A mãe aprendeu novas receitas para aproveitar os tomates fresquinhos que se multiplicavam nos fundos da casa, já que a família tinha tomates para as refeições e ainda sobravam alguns.

Foi quando o filho mais velho teve outra grande ideia: a de vender para a vizinhança os tomates que não eram aproveitados. Era uma forma de ganhar dinheiro com a plantação e evitar que o alimento estragasse.

A venda começou de forma tímida. Primeiro entre os vizinhos mais chegados, que logo adoraram a ideia de ter pertinho de casa um local para comprar tomates fresquinhos e por um preço atrativo. E logo começou a propaganda boca a boca.

A mãe comentou o novo negócio no salão de cabeleireiro, o pai informou a todos no escritório sua nova fonte de renda e o filho divulgou na escola que os pais eram agora pequenos produtores. Um vizinho também comentava com o outro sobre a excelente ideia, e a procura pelos tomates começou a aumentar.

O pai chamou então alguns amigos para ajudar no plantio e no cultivo, e a quantidade de tomates vendida crescia cada vez mais. Em grupo, eles tiveram mais uma excelente ideia: diversificar a plantação. Isso porque perceberam que alguns vizinhos preferiam comprar na feira, já que lá podiam encontrar todas as verduras, legumes e frutas de que precisavam. Passaram, então, a plantar outros alimentos, como alface, morango e beterraba.

Com o passar dos meses o negócio se firmou de vez. A família tinha agora uma fonte de renda obtida com algo que lhe dava prazer e, com isso, melhorou de vida. Conseguiu reformar a casa e depois aumentar o terreno e o negócio.

Aos poucos, a ideia inicial, que parecia somente uma forma de economizar, dava frutos e mais frutos. O empreendedorismo mudou a vida dessa família e tem mudado a de muitos brasileiros.

Essa mudança positiva pode ocorrer na vida de qualquer pessoa. Não existem grandes ou pequenos empreendedores, e, ao contrário do que muita gente pensa, também não é necessário ter muito dinheiro para investir em um novo negócio.

De acordo com nossas capacidades e nossos conhecimentos, podemos planejar grandes e pequenos empreendimentos ou produtos, mas isso não significa que temos um perfil de grande ou pequeno empreendedor.

E o dinheiro investido também não indica que o negócio vai ter muito ou pouco retorno financeiro. A relação não é essa. Ao contrário, você pode ter uma boa ideia que pode ser realizada com coisas que tem em casa ou até com sobras de outro produto, como tiras de papel e madeira. O mais importante é informação, conhecimento, vontade de aprender e evoluir, gostar do que faz e ter muito planejamento e força de vontade.

Incentivo e educação

O empreendedorismo, ou seja, a capacidade das pessoas de empreender, pode transformar vidas, cidades e até um país inteiro. E cada vez mais isso tem se tornado realidade no Brasil, como mostram as diversas iniciativas para estimular empreendedores a apostar em suas ideias e habilidades.

Isso sem falar nas crianças e nos jovens, que desde cedo poderão ter a oportunidade de aprender sobre o grande valor transformador do empreendedorismo e da correta forma de lidar com o dinheiro, já que as duas coisas estão interligadas.

Para conquistar dinheiro com uma boa ideia, é fundamental saber as melhores formas de aproveitar os recursos financeiros existentes e planejar como usar os seguintes. De nada adianta começar um pequeno negócio e, no fim do mês, estar no vermelho por pequenos ou grandes deslizes.

Ser empreendedor tem tudo a ver com uma forma consciente e harmoniosa de lidar com o dinheiro e as despesas. A educação financeira pode ser considerada um dos pilares do empreendedorismo e, consequentemente, do seu sucesso.

Os caminhos estão sendo desenhados. Um exemplo disso é que no Brasil já existe um projeto de lei que pretende tornar o empreendedorismo uma das disciplinas dos currículos de todas as escolas técnicas e de nível médio do país.

A proposta inclui ainda a capacitação dos professores no tema e convênios e parcerias com instituições e empresas que possam contribuir para o aprendizado dos jovens e o desenvolvimento de novos negócios.

Além disso, mesmo sem a obrigatoriedade, muitas escolas já incluíram em seu currículo o empreendedorismo como disciplina. Segundo dados do Sebrae (Serviço de Apoio às Micro e Pequenas Empresas), em apenas cinco anos cerca de 200 mil estudantes frequentaram cursos de empreendedorismo em escolas de todo o país.

O objetivo foi despertar o olhar e a inquietação para, assim, levar os estudantes a pensar no que eles faziam de melhor para depois montar uma empresa fictícia. Dessa forma, eles puderam aprender a empreender, que é o meu desejo com este livro.

Educar crianças e adolescentes sobre empreendedorismo é muito importante, como mostram diversas pesquisas. Um levantamento realizado pelo Instituto Endeavor com 46 instituições de ensino superior e 6.215 alunos de todas as regiões do país demonstrou que 60% dos estudantes universitários pensam em abrir uma empresa, sendo que 8,8% deles já têm um negócio próprio.

Outro levantamento realizado com mais de 46 mil jovens (estudantes e recém-formados, com idades entre 17 e 26 anos) concluiu que o empreendedorismo é parte do sonho de mais da metade dos pesquisados.

A maioria (56%) afirmou que deseja ter um negócio próprio em algum momento da vida. Isso porque, segundo constatou a pesquisa, ser seu próprio patrão pode ser a melhor forma de unir um bom ambiente de trabalho, realização profissional e retorno financeiro.

E todos nós podemos, por meio do empreendedorismo e da educação, melhorar nossas vidas e nossa relação com o dinheiro. É um bem que se estenderá às futuras gerações, já que um comportamento errado na forma de lidar com o dinheiro acaba passando de pai para filho, pois as crianças costumam se espelhar nas atitudes dos mais velhos. Portanto, é hora de quebrar esse ciclo!

Meu objetivo é que você pense em como transformar uma ideia, uma habilidade ou uma oportunidade em um negócio de verdade. Pode ser com a venda de um salgado ou um doce que você faz e deixa todos com água na boca, um artesanato para enfeitar a casa e até mesmo prestando serviços diversos.

Além da habilidade para fazer muito bem algo ou a vontade de aprender, existem ainda algumas características essenciais às pessoas empreendedoras. Elas também podem ser "desenvolvidas", ou seja, se você não tiver esses predicados, não precisa desistir. Como já afirmei, todos podem aprender e empreender.

As características mais necessárias a um empreendedor são a criatividade, muito importante para o desenvolvimento de um negócio com custos baixos e para a sua divulgação; a capacidade de organização e planejamento, tanto com o negócio quanto com o dinheiro; habilidade para lidar com pessoas, incluindo as que poderão trabalhar com você e os compradores de seu produto ou serviço; a visão de futuro, que também está ligada ao planejamento; e a responsabilidade, já que você estará assumindo novos desafios.

Todos podemos desenvolver essas características ou nos unir a pessoas que as têm. Sua mulher ou marido é uma pessoa criativa? Conte com ela ou ele para desenvolver sua capacidade de empreender! A união de pessoas, sejam elas familiares ou amigos, é muito importante. Um empreendedor deve saber identificar seus próprios pontos fortes e pontos fracos para se unir a outros que o complementem.

Novos negócios e a economia

Qualquer um pode se tornar empreendedor e mudar tanto a própria vida quanto a da família e das pessoas ao redor. Um novo negócio, quando alcança o sucesso, estimula a economia, gera empregos e, assim, faz o dinheiro circular.

Por isso, há tempos o fenômeno do empreendedorismo tem sido apontado como muito relevante para o crescimento econômico, a produtividade, a inovação e o emprego.

Mas o momento atual do país também é importante. Ao mesmo tempo que uma nova empresa ou atividade pode transformar positivamente a economia, uma economia fraca pode impedir que um novo negócio se desenvolva e cresça.

No Brasil, o empreendedorismo se popularizou a partir de 1990, contribuindo para a crescente participação de micro e pequenas empresas na economia. Mais avanços vieram anos depois, como a entrada em vigor da Lei Geral da Micro e Pequena Empresa, em 2007, e da Lei do Microempreendedor Individual, em 2008.

Foram passos importantes que possibilitaram o registro anual de uma média de 600 mil novos negócios em apenas cinco anos. Isso sem contar os microempreendedores individuais, que já totalizavam, em 2010, mais de 1,5 milhão de registros.

Para se ter uma ideia da importância do empreendedorismo, são os pequenos empresários que mais contratam com carteira de trabalho assinada no Brasil, ou seja, os que mais empregam dentro da lei.

Segundo um relatório da OIT (Organização Internacional do Trabalho), as micro e pequenas empresas foram responsáveis por pouco mais da metade dos postos de trabalho com carteira assinada no Brasil em 2010. No ano, elas representaram 99% das empresas locais, responderam por 51,6% dos empregos privados não agrícolas formais e por aproximadamente 40% do montante salarial movimentado no Brasil.

Outros bons motivos para você investir em sua capacidade empreendedora são os resultados apresentados por uma pesquisa internacional. Em 2010, o Brasil possuía a maior taxa de empreendedores em estágio inicial (17,5%) na comparação com outras 59 nações.

Os dados demonstraram a vocação dos brasileiros, que já somavam no ano 21,1 milhões de empreendedores, ficando somente atrás da China em indicadores absolutos.

Além disso, segundo o mesmo estudo, a mulher brasileira é historicamente uma das que mais empreendem no mundo: dos milhões de brasileiros considerados empreendedores em 2010, 49,3% eram mulheres, o que representa 10,4 milhões de pessoas. Já entre a população das classes mais baixas, 6,1% eram empreendedores; entre os de renda média, o índice foi de 15,1% e, entre os brasileiros de renda mais alta, a taxa era de 16%.

Em 2011, essa pesquisa foi novamente realizada e os resultados surpreenderam: os empreendedores representaram 27% da população adulta brasileira. Isso significa que ficamos atrás apenas da China, que liderou o ranking com cerca de 370 milhões de empresários, e dos Estados Unidos, que ocuparam a segunda posição, com aproximadamente 40 milhões de empreendedores.

O estudo apontou também que 15% dos empreendedores brasileiros, ou seja, quatro milhões de pessoas, estavam envolvidos na criação de um negócio próprio no ano de 2011.

Esses são dados que comprovam minha afirmação de que, com dedicação e vontade de aprender, todos podem ser grandes empreendedores. E, claro, mais consciente de sua relação com o dinheiro e consumindo de forma saudável, é possível realizar seus maiores sonhos.

Colocando a ideia em prática

Os sete passos do empreendedorismo.

Gostar do que faz é fundamental.

Planejamento e organização.

Os sete passos do empreendedorismo

Para estimular de forma didática e simples o empreendedorismo em pessoas de todas as idades, concentrei em sete passos o caminho desse aprendizado.

1º passo – gostar do que faz

2º passo – ser organizado

3º passo – estar atento às relações humanas

4º passo – saber identificar as oportunidades

5º passo – ser perseverante

6º passo – ter confiança

7º passo – sempre buscar o lucro

Se você se concentrar e procurar entender cada uma dessas etapas, buscando identificar com qual delas tem mais afinidade e tentando sempre superar as dificuldades que possam surgir em outras, tenha certeza de que estará no caminho certo para que o seu negócio prospere.

Muitas vezes, as pessoas decidem abrir um negócio sem ao menos ter tido contato com alguns desses aspectos que apresentei. E, sem se darem conta, estão iniciando uma jornada fadada ao fracasso, pois não se dedicaram como realmente deveriam.

O sonho do empreendedorismo, como já apresentei anteriormente, é compartilhado por milhões de pessoas no Brasil e no mundo. Muitos alcançam o sucesso, embora outros milhares fiquem pelo caminho. Afinal, nem todo mundo pode protagonizar histórias emblemáticas de empreendedorismo como as vividas por Bill Gates, dono da Microsoft, ou por Mark Zuckerberg, criador do Facebook.

Esses ícones da tecnologia ainda inspiram milhares de pessoas mundo afora a alimentar o sonho de se transformar em grandes empreendedores do universo tecnológico. Mas é preciso ter consciência de que tanto Gates quanto Zuckerberg são pessoas à frente do seu tempo, que foram capazes de criar algo que ainda não havia sido imaginado, a partir de seus próprios interesses. E ambos fizeram sua revolução pessoal antes dos 30 anos.

Esses dois exemplos podem e devem estimulá-lo a ir em busca do seu sonho. Mas reforço, contudo, que a educação financeira efetiva deve ser a principal aliada dos futuros empreendedores. Isso porque a busca pelos sonhos e realizações está intimamente ligada à forma como você se comporta com suas despesas e ganhos, ou seja, com o seu dinheiro.

Lembre-se sempre desta importante lição: não basta apenas ser empreendedor, é fundamental que você seja um empreendedor educado financeiramente. Essa é, aliás, uma dica que você deve levar para todos os aspectos da sua vida, tanto o profissional como o familiar.

Afinal, se você não é capaz de gerir com sucesso a sua vida financeira, equilibrando a relação entre seus ganhos e despesas, o que será da saúde financeira do seu negócio? E então, preparado para encarar essa desafiante jornada em busca do sonho do empreendedorismo?

Gostar do que faz é fundamental

Desde crianças, imaginamos como será o nosso futuro. Quem gosta de animais inevitavelmente pensará um dia em ser veterinário. Quem aprecia filmes de astronautas já se vê pisando na Lua. Isso ocorre de forma natural e é bastante saudável.

Se para uma criança o futuro está recheado daquilo que ela aprecia, por que para os jovens e adultos essa perspectiva deveria ser diferente? E, se essa máxima vale para a escolha da profissão, ela também é verdadeira e deve ser o primeiro item a ser considerado na hora de empreender.

Ao analisar suas qualidades e uma boa ideia, o empreendedor deve se questionar sobre o quanto gosta de determinada atividade. Afinal, trabalhar e ganhar a vida com o que se gosta é um dos principais objetivos de qualquer pessoa.

Só somos realmente felizes fazendo aquilo que nos dá prazer e satisfação. Opostamente, uma das maiores fontes de infelicidade de qualquer um é ter de, a cada dia, por meses e anos a fio, realizar uma atividade que não aprecia e não traz bem-estar pessoal.

Por isso, dentre todas as características de um empreendedor, ter paixão é a mais importante. Se você gosta do que faz ou pretende fazer, qualquer outra característica pode ser desenvolvida e praticada.

A ideia que você decidiu colocar em prática deve fazê-lo feliz. Disso dependerá, e muito, o sucesso do negócio e da atividade escolhida. Isso porque o empreendedor deverá ter muita disposição e força de vontade para tornar realidade o que ainda não passa de um sonho, de um projeto para o futuro. É fundamental que você, como empreendedor, seja apaixonado por seu projeto, já que, a partir de agora, o ideal será transformá-lo em realidade.

Além disso, quando fazemos algo de que realmente gostamos, fica muito mais fácil inspirar as pessoas ao redor. E toda e qualquer ideia, para virar realidade, precisa do apoio de outras pessoas e da interação com elas.

É muito importante que parceiros de trabalho, fornecedores e, principalmente, os clientes vejam a paixão do empreendedor por sua atividade. Ao perceber isso, com certeza darão mais valor não só ao dono do negócio, como também ao produto ou serviço oferecido. Ter paixão pelo que faz é uma das melhores formas de conquistar a simpatia e a confiança das pessoas.

Quer um exemplo que ilustra bem essa questão? Quando você é mal atendido em algum estabelecimento ou em qualquer relação comercial, a consequência mais natural é ficar com uma impressão ruim do lugar ou do produto. E é claro que esse atendimento não qualificado pode ter ocorrido por diversas razões, mas o fato é que dificilmente uma pessoa que trata mal seus clientes gosta verdadeiramente daquilo que faz.

A paixão será ainda a fonte inspiradora e o combustível para que o empreendedor supere os obstáculos da nova jornada. Problemas surgirão e isso será inevitável, mas se você gostar realmente do que faz será muito mais fácil enfrentar as dificuldades de cada dia.

O mesmo vale para os pessimistas e suas críticas. Com paixão por sua escolha, esse problema também será mais facilmente superado. Afinal, quem gosta verdadeiramente de algo se dedica com mais apreço para a sua realização e sucesso.

Dessa forma, você possuirá a confiança necessária para apresentar e vender seu projeto de empreendimento e, no futuro, o próprio produto ou serviço. É muito mais fácil e prazeroso vendermos algo em que acreditamos verdadeiramente.

Não digo que não é possível ter competência para realizar algo de que não se gosta. Porém, a paixão é fundamental para um empreendedor que gastará tempo e dedicação para concretizar algo. Uma dica importante é pesquisar e conhecer muito bem a área ou o setor no qual se deseja empreender.

Assim como no primeiro exemplo que apresentei neste livro, da família do interior que pesquisou e procurou entender as particularidades de uma plantação de tomates, será preciso que o empreendedor domine o solo em que estará pisando.

É preciso estudar e estar sempre atualizado, o que não só contribuirá para o sucesso do empreendimento, como também poderá fazer com que a paixão cresça ainda mais.

Planejamento e organização

Quando optamos por fazer algo de que realmente gostamos e para o que temos competência, fica mais fácil conhecer e identificar o mercado, os clientes e fornecedores, além dos atuais e possíveis concorrentes.

Com essas informações em mãos, é hora de planejar o futuro negócio e as atividades a serem desenvolvidas. Nessa etapa, será necessário que você cuide de sua ansiedade, para não se precipitar e não atropelar as coisas. O planejamento será a ferramenta para que você, agora como empreendedor, alcance o completo domínio de seu negócio.

Em primeiro lugar, você precisa pensar em uma estratégia para o início das atividades. Isso porque pode demorar certo tempo para que o dinheiro das vendas ou da prestação de determinado serviço comece efetivamente a entrar, e até lá você terá de arcar com uma série de despesas, que devem estar listadas e computadas para evitar surpresas desagradáveis.

É hora também de definir objetivos, colocando no papel aonde a empresa quer chegar, quanto ela pode crescer e como. E não basta apenas montar um plano na cabeça: ele deve estar registrado de alguma forma – em um caderno ou em planilhas no computador – para evitar que ideias não executadas, porém muito valiosas, sejam perdidas ao longo de todo o processo.

O planejamento deve incluir também uma análise cuidadosa do mercado e das tendências que podem ser seguidas. O empreendedor deve conhecer as necessidades e demandas de seus clientes para oferecer efetivamente um produto ou serviço que seja rentável. Uma boa alternativa é contar com a ajuda de especialistas e de órgãos de apoio ao empreendedorismo.

No início, o planejamento deve ser acompanhado de um plano de negócios, o que poderá ajudar na definição dos preços dos produtos e/ou serviços, das formas de pagamento e de como eles serão ofertados.

É importante pensar nos diferenciais do seu produto ou atividade e realizar uma comparação com o que é oferecido no mercado para definir o preço de comercialização. Nele deverão estar embutidos os custos com material, mão de obra e distribuição, além do lucro.

Coloque tudo isso no papel e comece a pesquisar os locais mais baratos para a compra de cada material ou produto necessário ao início do negócio. Se a sua ideia é produzir algo, você também precisará decidir se fará isso sozinho ou se precisará da ajuda de outras pessoas.

Calcule o tempo investido na elaboração de cada produto para ter uma ideia da produção. Tudo isso é decisivo para a definição do preço do serviço ou da mercadoria que será oferecida. Mas nunca se esqueça de buscar sempre a qualidade. Seja exigente e tente encontrar maneiras de melhorar a produção, ser mais rápido e gastar menos.

Você terá que pensar ainda em como o produto será vendido. De porta em porta? Pela internet? Em lojas já existentes? Em uma nova loja a ser aberta? Isso também vale para os serviços.

Se a sua ideia de empreendedorismo é realizar serviços de manicure, onde as clientes serão atendidas? Na casa delas ou em uma sala comercial? O futuro deve estar claramente definido, assim como as metas de curto prazo. É em função delas que você deverá pensar e organizar o seu negócio.

Defina as atividades principais a serem realizadas e coloque-as em ordem de importância no planejamento, definindo os prazos finais máximos para cada uma. Será necessário ainda acompanhar os resultados do plano e, caso seja preciso, fazer ajustes.

Para isso, tenha registros diários das despesas e das atividades realizadas. Esse diário será o seu guia e um importante aliado na tomada de decisões. Não se esqueça de que a falta de planejamento e organização é o principal entrave para o sucesso de um novo negócio.

Por isso, o plano inicial deve ser sempre revisto e atualizado. Se ao final dos primeiros meses as metas estipuladas estiverem muito distantes de serem alcançadas, é sinal de que algo anda errado. O empreendedor poderá ter criado metas muito ambiciosas ou estar pecando em alguma etapa do processo. Em ambos os casos, será necessário fazer correções no planejamento.

Tenha foco no seu novo negócio. Lembre-se de que você estará investindo muito mais do que uma possível quantia em dinheiro, mas seu tempo, sua dedicação, seus sonhos e a busca por um futuro melhor, no qual você poderá alcançar a tão sonhada independência financeira.

Atenção ao negócio

Invista nas relações humanas.

Identifique oportunidades.

A palavra-chave é perseverança.

Invista nas relações humanas

O terceiro passo para o empreendedorismo está relacionado ao modo como você trata as pessoas ao seu redor, como expõe suas ideias e como delega tarefas. Esses são fatores fundamentais para que o plano de negócio tenha êxito.

Minha dica é que você seja sempre simpático e trate muito bem os colaboradores, aqueles que o ajudarão a realizar sua missão. Como colaboradores incluo todas as pessoas relacionadas ao negócio: desde fornecedores e funcionários até os clientes.

Nesse sentido, a formação da equipe é a base para que o negócio funcione bem. Em uma grande empresa há uma área dedicada a isso, chamada de Recursos Humanos ou, no linguajar mais moderno, Gestão de Pessoas. No caso do empreendedor que está iniciando sua jornada, caberá a ele o papel de gerir os seus funcionários.

Por isso, você deve pensar com cuidado sobre as competências e qualidades necessárias para o sucesso de seu negócio. Avalie quais são os comportamentos e habilidades mais fracos em você, para se cercar de pessoas que possuam essas qualidades. O objetivo é formar um time experiente e que se complete para evitar falhas no negócio.

Pense com cuidado no número de pessoas que deverão ser contratadas e para quais funções. Avalie também se logo no começo, quando o faturamento costuma ser mais baixo, existe a necessidade de mais mão de obra. No início, algumas funções poderão ser exercidas por mais de um colaborador. Quando o dinheiro começar a entrar e as tarefas aumentarem, será o momento apropriado para ampliar a equipe.

Outro ponto de cuidado é em relação ao trabalho com familiares e amigos. É comum que, em pequenos negócios, especialmente no início, o empreendedor se cerque das pessoas mais próximas, que são aquelas em que ele confia e que trabalharão com dedicação e afinco para que tudo dê certo.

Contudo, nem sempre são essas pessoas que possuem os conhecimentos e as habilidades para que o empreendimento deslanche de verdade. Faça essa análise com muito cuidado para não prejudicar nem o negócio, nem as suas relações pessoais.

É necessário também definir com cautela o salário a ser oferecido. Nesse caso, vale novamente pesquisar a concorrência e o mercado para saber quanto é, em média, a remuneração para determinada atividade. Isso ajudará o empreendedor a ter uma equipe mais satisfeita, disposta a trabalhar e a investir no novo negócio.

Por outro lado, salários baixos em relação ao mercado levarão o funcionário a procurar outro emprego. E é muito mais dispendioso investir e treinar uma pessoa que irá trabalhar descontente ou por pouco tempo em seu negócio do que oferecer um salário compatível com a função. Além disso, a troca constante de funcionários pode acabar afetando a imagem da empresa ou do produto/serviço perante os clientes.

Mais que o salário, outras questões devem ser levadas em consideração, como formar um time no qual as pessoas compartilhem os mesmos valores e desejos. Um funcionário pode ser ótimo para uma empresa e mediano ou ruim para outra. Esse é um importante ponto a ser avaliado.

Com a equipe formada e os fornecedores escolhidos, é hora de acompanhar os desempenhos de cada um. É papel do dono do negócio, ou seja, do empreendedor, avaliar os pontos fortes e fracos e trabalhar para que as qualidades sejam fortalecidas e as deficiências superadas. O relacionamento entre os colaboradores também deve ser observado, já que uma equipe que interage mal não costuma dar bons resultados.

No entanto, o fundamental é a sua capacidade de se relacionar bem com todos ao seu redor. Sem os funcionários e os fornecedores não há negócio. Sem os clientes não há faturamento, entrada de dinheiro. Por isso, você deve tratar a todos com educação e cordialidade.

Os resultados surgirão logo, já que nada melhor do que um funcionário ou comprador satisfeito para fazer uma boa propaganda de seu negócio. Opostamente, nada pior que um cliente insatisfeito para diminuir a freguesia com críticas e percepções ruins.

Todos os passos estão interligados. Com planejamento e organização você tem uma boa equipe. Com paixão pelo que faz, será mais feliz em suas tarefas e isso transparecerá aos funcionários e clientes. A simpatia tem como base o sentimento e isso é um valor da empresa. As pessoas se apegam a negócios e a marcas, por mais improvável que isso possa parecer.

É comum que clientes tenham simpatia ou antipatia por uma empresa e seus produtos e serviços. Qual sentimento você deseja despertar? Disso dependerá a imagem que você e sua empresa passarão e as experiências que seu produto ou serviço proporcionará aos seus clientes.

Os consumidores deverão se sentir bem tanto no ato da compra quanto na hora de desfrutar o produto/serviço. As pessoas deverão acreditar verdadeiramente que você está ali para fazer seu melhor, que seu negócio é realmente fruto de dedicação e comprometimento.

Daí resultarão a simpatia e a vontade de vender cada vez mais e melhor produtos/serviços de qualidade. Conquistar a simpatia das pessoas que trabalham com você e também daquelas que consomem o que você produz ou oferece, seja o que for, é o ponto de partida para um futuro de sucesso em seu negócio.

Identifique oportunidades

Como expliquei no segundo passo, o plano inicial precisa ser constantemente revisto e atualizado para que novas ideias, produtos e oportunidades possam contribuir ou até aumentar o sucesso do empreendimento.

No caso inicial da plantação de tomates, diversificar as frutas e incluir outros legumes e hortaliças foi a saída para manter e aumentar o número de clientes atendidos pela família do interior. Eles perceberam que vender somente tomates não era um diferencial.

Enxergaram uma deficiência nos negócios e souberam transformá-la em uma oportunidade para agradar aos atuais clientes e ainda conquistar novos consumidores. Afinal, não é todo mundo que consome tomates, mas dificilmente alguém passa muito tempo sem comprar nenhum tipo de fruta ou legume.

A saída estava diretamente ligada a uma oportunidade. De acordo com o dicionário, a palavra significa "qualidade, caráter do que é oportuno; ocasião propícia; circunstância oportuna, favorável para a realização de algo; ensejo; circunstância conveniente, útil, benéfica; conveniência, interesse, utilidade; espaço de tempo; momento, ocasião".

E para que a ocasião apareça e seja criado um ambiente favorável, o empreendedor deve sempre estar bem informado e atento ao seu negócio. O senso de oportunidade no nicho de negócios escolhido deve ser um dos focos de atuação dos empreendedores.

Isso significa que uma de suas principais características deve ser o conhecimento sobre como identificar oportunidades, agarrá-las e buscar maneiras para transformá-las em um negócio de sucesso.

O empreendimento só será lucrativo ao longo do tempo se houver a inovação, que resultará da identificação de oportunidades. Além do item principal, que é a qualidade do produto ou serviço, os clientes buscam novidades.

Vivemos em um mundo em que a cada dia algo novo está sendo criado para encantar e seduzir os consumidores. E essa também deve ser uma busca constante do empreendedor: fazer com que clientes em potencial se encantem por seu negócio.

Para isso, a atenção deve estar em alguns itens. Um deles é a própria concorrência. Se existem muitos negócios iguais ao que você pretende abrir, avalie se o seu produto/serviço possui um grande diferencial, algo capaz de atrair e manter a clientela.

Nesse mesmo sentido, o local de atuação deve ser pesquisado. Se há muitos salões de cabeleireiro em uma rua, vale a pena procurar outra. A disponibilidade de matéria-prima é mais um ponto. Você quer fabricar doces de abacaxi? Pesquise se há abacaxis o ano inteiro, se existe muita oscilação de preço. Afinal, esses são fatores que acabam influindo no custo final do produto.

Seja audacioso e observe o comportamento do seu setor e do mercado para, assim, acompanhar de perto suas transformações e tendências. Procure sempre inovar, que é uma forma de aproveitar as oportunidades e fazer além do que os demais. Saber identificar oportunidades para se reinventar sempre é a melhor forma para obter um diferencial de mercado.

Ao analisar as oportunidades, avalie quais mudanças poderão ser proporcionadas. Isso porque a inovação pode ir além de alterações no produto final ou da inclusão de algo a ser vendido.

Um exemplo são as formas de distribuição. Digamos que não exista nenhum serviço de entrega de um determinado produto. Se o empreendedor enxergar isso como uma oportunidade e verificar a viabilidade de incrementar seus negócios com a entrega de seu produto em domicílio, estará inovando e impulsionando as vendas.

Outras oportunidades podem ser a inovação no atendimento, na decoração do empreendimento ou na embalagem do produto. Por isso, a atenção deve sempre ser redobrada. Afinal, quantas vezes você não descobriu uma grande novidade e se perguntou: "Por que não pensei nisso antes?".

Faça perguntas para identificar uma oportunidade. Questione os problemas principais que os clientes do seu negócio estão enfrentando ou aquilo que poderia mudar suas vidas para melhor. Lembre-se de que as pessoas estão sempre buscando e consumindo aquilo que facilita o seu dia a dia.

A palavra-chave é perseverança

Ao apostar em uma nova iniciativa, é necessário insistir ao máximo para que ela dê certo. A força de vontade é um dos pilares para o sucesso do empreendedor. E, novamente, quem gosta do que faz batalhará com muito mais força de vontade para que o novo negócio seja um empreendimento de sucesso.

Quando o empreendedor desvenda a área em que quer trabalhar, quando ele entende seus principais desafios e suas potenciais conquistas, a força de vontade para desenvolver da melhor maneira possível o negócio será apenas uma consequência. Ela ajudará a dosar a quantidade e a qualidade de tempo destinado ao trabalho.

E ambos são fundamentais e estão relacionados diretamente à força de vontade. Com certeza haverá momentos bons e ruins, de calmaria e tempestades. Isso é natural em qualquer empreendimento, em qualquer área de negócio. Mas a força de vontade será a ferramenta que levará o empreendedor a trabalhar com a mesma dedicação todos os dias, independentemente do cenário.

A força de vontade para vencer as dificuldades lhe dará a motivação necessária para seguir sempre em frente, buscando o melhor de cada situação. Será capaz de ajudá-lo a ter disciplina e perseverança, que são fundamentais para o sucesso. Também fará com que você se destaque, já que, de forma geral, quem possui um elevado grau de força de vontade é admirado por sua capacidade de orientar e governar mais do que um negócio, mas a própria vida.

Muitas vezes, tememos o fracasso e esse sentimento nos impede de crescer e de apostar em nossas maiores qualidades e aptidões. Mas o sentimento de perseverança também é capaz de ajudá-lo a compreender os erros e passar pelos momentos de dificuldades com a aposta de um futuro melhor. Levará o empreendedor a persistir sempre, a recomeçar se for preciso e, a cada dia, se empenhar mais e mais.

Essa deve ser sempre a lição aprendida com os pequenos fracassos, já que você não pode nunca deixar de olhar o seu objetivo maior, sua missão, que é alcançar uma vida feliz e mais tranquila financeiramente, graças aos bons resultados de um negócio próprio.

Ao adotar essa perspectiva mais otimista, você certamente não desistirá no primeiro, segundo ou terceiro obstáculo. Ao contrário, entenderá que há oportunidades em cada passo incorreto e que, se por um lado há dezenas de razões para desistir, por outro há centenas de outras para seguir em frente.

Não interessa o número de vezes que você cair, mas sim a quantidade de ocasiões em que estará disposto a se levantar e, com força de vontade e otimismo, batalhar para dar o melhor de si. Lembre-se: o empreendedor deve sempre enxergar novas potencialidades, possibilidades e caminhos em cada desafio.

O sentimento de desânimo é fatal para quem deseja empreender. Desistir é uma palavra que não existe no mundo do empreendedorismo. Afinal, ao apostar em uma atividade que dá prazer, você terá também satisfação em enfrentar os momentos ruins, ciente das oportunidades que o futuro lhe reserva.

Um conselho nesse sentido é treinar a autodisciplina, que é uma aliada da força de vontade. Em conjunto, essas duas características permitirão ao empreendedor suportar de maneira mais leve e positiva possíveis privações e dificuldades, sejam elas físicas, emocionais ou até financeiras. Não se permita desistir.

Com autodisciplina e força de vontade você não cederá a satisfações imediatas, que podem exigir menos esforço e tempo, mas tirarão você do objetivo final. Foque sempre no que você mais almeja alcançar, em tornar a sua ideia de projeto em um empreendimento que dará orgulho a você, aos seus amigos e familiares.

Tenha fé no sucesso do seu projeto e demonstre isso às pessoas ao seu redor. Elas se sentirão contagiadas com esse sentimento positivo e mais dispostas a batalhar com você nos momentos bons e ruins. Ter força de vontade também é uma das características de um líder, de quem tem confiança no que está fazendo e acredita no seu potencial. Portanto, confie em você, em suas ideias e no seu empreendimento.

Em busca de resultados

Confiança é fundamental.

Busque sempre o lucro.

Concentre-se na saúde financeira.

Conclusão.

Confiança é fundamental

A sua palavra, assim como o seu nome, é um dos maiores bens que você possui. A confiança estabelecida com seus funcionários, fornecedores e clientes é fundamental para que o empreendimento tenha êxito. Não importa quais obstáculos ou problemas possam aparecer: se você combinou algo, tem que cumprir.

Por isso, seja realista e pense bem antes de firmar qualquer compromisso. Não meta os pés pelas mãos, ou seja, não faça nada de forma precipitada, sem pensar. No início do empreendimento, pode ser que você não consiga aceitar pedidos grandes, mas isso é perfeitamente normal.

É muito melhor ser verdadeiro e assumir que não pode dar conta de determinado pedido do que aceitar e depois não conseguir entregar tudo o que foi solicitado ou perder o prazo acordado. Não pense que, ao negar um pedido, você perderá clientes.

Seja honesto e diga que, no momento em questão, você não possui estrutura para atender com qualidade o pedido para um número grande de produtos ou serviços. Isso fará com que o cliente tenha confiança em sua palavra e busque você no futuro, com a certeza da entrega nas condições estipuladas. Lembre-se de que seus fornecedores e clientes contarão com o que foi combinado para se planejarem.

Vamos analisar esse aspecto novamente no caso da plantação de tomates daquela família do interior. Digamos que eles tenham como cliente um restaurante, que encomendou uma quantidade grande de tomates para um dia especial. Se o produto não for entregue na data e na quantia estipuladas, o restaurante não terá como atender aos seus clientes. Isso vai virar uma bola de neve de problemas e diversas pessoas sairão prejudicadas. O mesmo vale para os fornecedores. Se você encomendou algum produto ou serviço, deve pagar por eles e arcar com sua palavra.

Os funcionários, que devem ser seus aliados na busca pelo sucesso do empreendimento, também precisam ter a certeza de que podem confiar em você. Não atrase nunca os pagamentos. Se você acha que não pode pagar todos os salários em determinado dia, não estabeleça esse prazo.

O mesmo vale para promessas de aumento ou folgas. Em vez de anunciar que em alguns meses a remuneração será superior, espere acumular mais dinheiro em caixa e, quanto tiver a certeza de que poderá aumentar os salários, converse com a equipe. Se uma promessa pode motivar as pessoas, o seu não cumprimento, por outro lado, pode levar até a boicotes.

A sua palavra vale ouro e honrar com ela demonstra que é uma pessoa honesta e confiável. E confiança é fundamental em qualquer relação, especialmente as comerciais. Por isso, pense também na forma de divulgação de seu produto/serviço. Não faça propaganda enganosa. Se você diz que usa determinada marca na fabricação de seus produtos ou que eles possuem determinado peso, tamanho ou aparência, é imprescindível que essas informações sejam verdadeiras ou o mais próximas possível da realidade.

É fácil perceber quando alguém faz uma propaganda que não é verdadeira. Um caso comum são as pizzarias que estampam em seus cardápios uma marca, mas elaboram a pizza com o produto de outro fornecedor. Isso é enganar o consumidor, que, ao perceber a realidade, se sentirá traído e não voltará a comprar naquele estabelecimento.

Busque sempre o lucro

O último e não menos importante passo para alcançar um empreendimento bem-sucedido é o lucro, ou seja, quando sobra dinheiro após o pagamento de todas as despesas. Nesse sentido, controlar os gastos é uma premissa mais básicas nesse caso.

O controle das despesas deve ser iniciado ainda durante a fase de planejamento do empreendimento e ter continuidade depois, com o negócio já em funcionamento.

Inicialmente, você deve avaliar o investimento necessário para a operação, que é chamado de "caixa de abertura de empresa". Nele entrarão os investimentos com equipamentos para produção, móveis e gastos com aluguel, funcionários e para a abertura da empresa. É muito importante que tudo esteja regularizado e dentro da lei.

Com as portas abertas, os gastos serão destinados para cobrir custos fixos e variáveis e ambos devem ser contabilizados para evitar surpresas desagradáveis.

Os gastos fixos são aqueles que você terá de pagar em um determinado período de tempo, independentemente de as vendas ocorrerem ou não.

Em busca de resultados

Já os variáveis são os valores gastos somente quando se realizam as vendas. Normalmente incluem impostos sobre a venda, matéria-prima (os produtos usados na fabricação), frete e uma possível comissão de vendedores.

Essa relação de despesas será fundamental tanto para avaliar a viabilidade do negócio como para determinar o preço do produto ou serviço que será ofertado. Daí a importância de ter tudo computado e organizado. O cálculo não é difícil. Veja a tabela abaixo, em que uso novamente o caso da plantação de tomates.

DATA	DESCRIÇÃO	ENTRADA	SAÍDA	RESULTADO
1/fevereiro	500 caixas de tomates vendidas	R$ 500,00	R$ 0,00	R$ 500,00
10/fevereiro	600 caixas de tomates vendidas	R$ 600,00	R$ 0,00	R$ 1.100,00
16/fevereiro	Compra de material para o plantio	R$ 0,00	R$ 600,00	R$ 500,00
20/fevereiro	900 caixas de tomates vendidas	R$ 900,00	R$ 0,00	R$ 1.400,00
25/fevereiro	500 caixas de tomates vendidas	R$ 500,00	R$ 0,00	R$ 1.900,00
28/fevereiro	Gasto com abastecimento e entregas	R$ 0,00	R$ 800,00	R$ 1.100,00
29/fevereiro	100 caixas de tomates vendidas	R$ 100,00	R$ 0,00	R$ 1.200,00
28/fevereiro	Pagamento de funcionários	R$ 0,00	R$ 1.500,00	- R$ 300,00
Total/Fevereiro				**- R$ 300,00**

Veja que, no exemplo anterior, o saldo foi negativo. Para reverter essa situação, eles avaliaram uma série de aspectos: se o preço deveria ser reajustado, se poderiam diminuir o número de funcionários e se os materiais usados no plantio poderiam ser adquiridos de um fornecedor com preço menor e a mesma qualidade.

Por fim, eles optaram por aumentar o preço do tomate de R$ 1,00 para R$ 1,20 a caixa e trocaram de fornecedor.

DATA	DESCRIÇÃO	ENTRADA	SAÍDA	RESULTADO
1/março	500 caixas de tomates vendidas	R$ 600,00	R$ 0,00	R$ 600,00
10/março	600 caixas de tomates vendidas	R$ 720,00	R$ 0,00	R$ 1.320,00
18/março	Compra de material para o plantio	R$ 0,00	R$ 570,00	R$ 750,00
20/março	900 caixas de tomates vendidas	R$ 1.080,00	R$ 0,00	R$ 1.830,00
25/março	500 caixas de tomates vendidas	R$ 600,00	R$ 0,00	R$ 2.430,00
28/março	Gasto com abastecimento e entregas	R$ 0,00	R$ 800,00	R$ 1.630,00
29/março	100 caixas de tomates vendidas	R$ 120,00	R$ 0,00	R$ 1.750,00
30/março	Pagamento de funcionários	R$ 0,00	R$ 1.500,00	R$ 250,00
Total				R$ 250,00
Saldo anterior				-R$ 300,00
Total/Março				-R$ 50,00

Em busca de resultados

O aumento no preço da caixa de tomate de R$ 1,00 para R$ 1,20 não foi suficiente para que a família tivesse lucro ao final do mês de março, que resultou em um prejuízo de R$ 50,00. Isso mostra que somente aumentar o valor do produto pode não trazer resultados positivos a curto prazo. Por isso, é preciso ficar sempre atento aos valores de venda dos produtos, assim como a todos os custos e despesas. Nesse exemplo, após as mudanças introduzidas, somente no terceiro mês o resultado foi alcançado, ou seja, houve lucro de R$ 200,00.

Com espírito empreendedor, a família aproveitou esses R$ 200,00 para investir no negócio. Esse é o ideal, especialmente no início: que o lucro seja gasto somente em melhorias na empresa.

Por isso, é necessário estabelecer para você um pró-labore, que seria a remuneração por seu trabalho, como um salário mensal. Esse gasto estará incluído nos custos mensais fixos de seu empreendimento e deve ser bastante realista. Não é inteligente estipular um valor muito alto, que pode comprometer a rentabilidade da sua empresa. Entenda que você terá de adaptar a sua vida financeira conforme a realidade do negócio.

Concentre-se na saúde financeira

Com esses sete passos e uma boa ideia, você poderá empreender e melhorar a sua vida e a de sua família. É importante, contudo, que você tenha sempre foco na saúde financeira de seu negócio.

Isso porque empreender, independentemente do ramo de atividade, pode ser um investimento de risco e requer, entre outros aspectos, habilidades e muito conhecimento. Para que você possa refletir, faço a seguinte pergunta: "Se a partir de hoje você não receber mais seu ganho mensal com pró-labore, por quanto tempo conseguirá manter o seu atual padrão de vida?".

Sua resposta estará ligada à saúde financeira do seu negócio, o que está intimamente relacionado ao seu conhecimento sobre educação financeira. É necessário que você siga os sete passos, avaliando todos os itens com cuidado, e seja um empreendedor educado financeiramente. Não basta apenas ter conhecimento na área em que deseja empreender, é preciso saber administrar o dinheiro que entra e sai no negócio.

A saúde financeira dependerá da relação que você tem com o dinheiro. Os ganhos da empresa não devem ser utilizados para atender aos desejos particulares do empreendedor. Por isso, é importante que você estabeleça um pró-labore. E lembre-se de que, como empreendedor, você não terá garantias como FGTS, férias, vale-transporte e vale-refeição, entre outros benefícios.

Para separar seus gastos e os de sua empresa, o primeiro passo é listar as despesas do negócio e as pessoais. Uma vez feito esse diagnóstico, ele não precisa ser repetido mensalmente. Considere item a item e veja as melhores formas de economizar.

Outro ponto a se considerar é o automóvel. Isso porque nas micro e pequenas empresas é comum que o carro particular seja o usado na empresa. Por isso, o recomendado é que o empreendedor estime quanto gasta com combustível e estacionamento para a empresa e quanto gasta para seu próprio uso. Cada despesa deve ser relacionada e paga separadamente.

O lucro também não pode ser gasto com desejos pessoais, principalmente no início, quando o negócio está sendo estruturado. Pelo menos 10% do ganho mensal deve ser poupado para ser usado como capital de giro ou para reinvestimento na empresa. Usar todo o dinheiro conquistado é um erro comum, que pode levar ao fracasso empresarial.

Assim como um trabalhador deve respeitar o dinheiro recebido com o seu trabalho, o empreendedor deve seguir a mesma regra. Sua família também precisa de segurança e, por isso, meu conselho é que você invista em um seguro de vida ou acidentes, além de um plano de previdência complementar.

Realize frequentemente um diagnóstico financeiro do seu negócio, buscando a melhor rentabilidade, mantenha ou forme um capital de giro (aquele dinheiro necessário para a empresa fazer os negócios acontecerem) e tenha ou construa reservas estratégicas para eventuais momentos de turbulência do mercado e para realizar investimentos no negócio. Paralelamente, reveja seus gastos pessoais e os de sua família, busque reduzir excessos e foque nos sonhos e objetivos de todos, incluindo as crianças.

Outra dica é contar com o apoio de instituições especializadas, que oferecem cursos para empreendedores. Recomendo o Sebrae (Serviço de Apoio às Micro e Pequenas Empresas) e a DSOP Educação Financeira, que contam com profissionais e educadores especializados em empreendedorismo e educação financeira que poderão auxiliá-lo na realização do seu sonho de empreender.

Conclusão

Chegamos ao final dos ensinamentos da Coleção Dinheiro Sem Segredo. Com ela, busquei mostrar em cada fascículo um pouco do que aprendi ao longo da minha vida de sucesso. Acredite, a educação financeira na qual invisto até hoje nasceu quando eu tinha 12 anos de idade e sonhava em ter uma bicicleta. Com isso, saí em busca dessa minha primeira realização e não parei mais.

Como educador e terapeuta financeiro, coloquei também nessa coleção grande parte do aprendizado que tive ao percorrer o caminho que levou à minha independência financeira. Portanto, agora é com você! Pratique sempre o que aprendeu e passe para cada pessoa o que você entende ser o melhor, pois praticar o que aprendemos e aquilo em que acreditamos é muito importante.

Vamos juntos subir cada novo degrau e agradecer a Deus por nossas conquistas. Devemos sempre acreditar na beleza de nossos sonhos!

Boa sorte!

DSOP
Educação
Financeira

Disseminar o conceito de Educação Financeira, contribuindo para a criação de uma nova geração de pessoas financeiramente independentes. A partir desse objetivo foi criada, em 2008, a DSOP Educação Financeira.

Presidida pelo educador e terapeuta financeiro Reinaldo Domingos, a DSOP Educação Financeira oferece uma série de produtos e serviços sob medida para pessoas, empresas e instituições de ensino interessadas em aplicar e consolidar o conhecimento sobre Educação Financeira.

São cursos, seminários, workshops, palestras, formação de educadores financeiros, capacitação de professores, pós-graduação em Educação Financeira e Coaching, licenciamento da marca DSOP por meio da rede de educadores DSOP e Franquia DSOP. Cada um dos produtos foi desenvolvido para atender às diferentes necessidades dos diversos públicos, de forma integrada e consistente.

Todo o conteúdo educacional disseminado pela DSOP Educação Financeira segue as diretrizes da Metodologia DSOP, concebida a partir de uma abordagem comportamental em relação ao tema finanças.

Reinaldo
Domingos

Reinaldo Domingos é professor, educador e terapeuta financeiro, presidente e fundador da DSOP Educação Financeira e da ABEFIN – Associação Brasileira dos Educadores Financeiros. Publicou os livros Terapia Financeira; Eu Mereço Ter Dinheiro; Livre-se das Dívidas; Ter Dinheiro não tem Segredo; O Menino do Dinheiro – Sonhos de Família; O Menino do Dinheiro – Vai à Escola; O Menino do Dinheiro – Ação entre Amigos; O Menino e o Dinheiro; O Menino, o Dinheiro e os Três Cofrinhos; e O Menino, o Dinheiro e a Formigarra.

Em 2009, idealizou a primeira Coleção Didática de Educação Financeira para o Ensino Básico do Brasil, já adotada por diversas escolas brasileiras.

Em 2012, criou o primeiro Programa de Educação Financeira para Jovens Aprendizes, já adotado por diversas entidades de ensino profissionalizante, e lançou o primeiro Programa de Educação Financeira para o Ensino de Jovens e Adultos – EJA.

Contatos do autor

No portal da DSOP Educação Financeira (www.dsop.com.br) você encontra todas as simulações, testes, apontamentos, orçamentos e planilhas eletrônicas.

Contatos do autor:

reinaldo.domingos@dsop.com.br

www.dsop.com.br

www.editoradsop.com.br

www.reinaldodomingos.com.br

www.twitter.com/reinaldodsop

www.twitter.com/institutodsop

www.facebook.com/reinaldodomingos

www.facebook.com/DSOPEducacaoFinanceira

www.facebook.com/editoradsop

Fone: 55 11 3177-7800